7

LK 3500.

EXTRAIT AUTHENTIQUE
DE
L'HISTOIRE DE LA SAINTE LARME
DE NOTRE-SEIGNEUR JÉSUS-CHRIST
PAR
LE R. P. JACQUES LE MERCHIER
CHANOINE RÉGULIER, PROFÈS DE L'ABBAYE DE CE NOM

D'APRÈS L'EXEMPLAIRE DE 1736, CONSERVÉ DANS LA BIBLIOTHÈQUE DE M. L'ABBÉ CORBLET, PRÉSIDENT DE LA SOCIÉTÉ DES ANTIQUAIRES DE PICARDIE ET DIRECTEUR DE LA REVUE DE L'ART CHRÉTIEN.

I

LA SAINTE LARME TRANSPORTÉE DE JÉRUSALEM A ROME ET DE ROME A CONSTANTINOPLE.

L'Église a été persécutée dès son berceau, et elle n'a pu avoir la liberté d'offrir publiquement à son divin Époux l'agréable encens de ses prières qu'au commencement du IVe siècle, sous l'empire du grand et pieux Constantin.

Ce prince et sainte Hélène sa mère, ayant embrassé la religion chrétienne, donnèrent tous deux par toute la terre des marques sensibles de leur piété. Sainte Hélène alla à Jérusalem chercher la croix sur laquelle notre Sauveur a consommé l'œuvre de notre salut; et, par un secours tout particulier du Ciel, elle la trouva, et, après avoir fait bâtir plusieurs églises tant sur le Calvaire que dans Jérusalem et autres lieux, elle retourna à Rome, chargée d'une partie du précieux trésor qu'elle avait miraculeusement recouvré.

Le grand Constantin de son côté donna, par ses édits, la liberté aux ministres du Sauveur d'offrir partout le sacrifice de la Messe. Il fit édifier une infinité de belles églises qu'il dota et enrichit de vaisseaux d'or et d'argent. Il laissa au pape saint Sylvestre et à ses successeurs la ville de Rome, pour y établir leur siége ; et choisit celle de Bysance, depuis appelée de son nom Constantinople, ou la ville de Constantin, pour être le trône de son empire.

C'était bien de l'honneur à Constantinople de renfermer dans son enceinte le trône du plus vaste empire de l'univers ; mais le comble de sa gloire fut lorsque Constantin y porta la sainte Larme, que ce pieux empereur estimait être le plus précieux trésor de l'Église, et avec raison ; car la croix, les cloux, les épines, etc., n'ont été sanctifiés que par l'attouchement du corps adorable de Jésus-Christ, au lieu que la Larme empourprée de son sang divin faisait partie de son humanité sacrée [1].

II

LA SAINTE LARME APPORTÉE DE CONSTANTINOPLE A MOREUIL EN PICARDIE.

L'an douze cent trois, les Français, aussi zélés pour l'accroissement de l'Église par leur piété que redoutables à leurs ennemis par leur force, prirent la ville de Constantinople, dont Baudouin, comte de Flandre, fut élu et couronné empereur, comme ayant le plus contribué à une conquête aussi considérable.

Ce prince, non moins vertueux que brave, s'appliqua d'abord à y faire refleurir notre sainte religion avec autant de soin qu'à y affermir son trône ; mais ayant été fait prisonnier et ensuite tué malheureusement, il eut pour successeur, en onze cent six, Henri son frère, héritier de sa vertu et de son courage.

L'empereur Henri, voulant rendre à l'Église son ancien lustre, fit exposer à la vénération des fidèles toutes les reli-

---

[1] La vénération des fidèles pour cette sainte relique avait pour objet le sang et l'eau recueillis par les saints personnages qui lavèrent le corps de notre divin Sauveur, avant de le mettre dans le tombeau. (Extrait du témoignage de M. Nicolle, curé de Cressy, chanoine de la cathédrale d'Amiens.— Voyez *Pièces justificatives*, n°s 2 et 3.)

ques qui, en différents temps, avaient été mises en dépôt dans cette ville comme dans le lieu le plus honorable et le plus sûr de tout l'Orient. Il en trouva en si grand nombre, qu'il prit la résolution d'en distribuer une grande partie aux plus vaillants capitaines des armées, soit pour les récompenser des victoires qu'ils avaient remportées, soit pour qu'étant portées par leur moyen dans tous les endroits de la chrétienté, elles fussent honorées avec plus de dévotion et de zèle ; soit enfin de crainte que, la ville de Constantinople tombant entre les mains des infidèles, les monuments sacrés ne fussent profanés.

Bernard de Soissons, seigneur de Moreuil, en Picardie, eut l'honneur d'être un de ceux qui furent trouvés dignes d'une faveur si singulière; car s'étant signalé par sa bravoure, tant à la prise de Constantinople qu'au recouvrement de la terre sainte, l'empereur lui donna la sainte Larme, qu'il reçut avec une satisfaction d'autant plus grande, qu'il estimait ce don précieux au-dessus de tout ce qu'il pouvait attendre pour récompense de ses glorieux exploits.

Ravi de posséder un tel trésor, Bernard remercia très-humblement l'empereur, prit congé de Sa Majesté, et partit aussitôt de Constantinople pour retourner en son pays. L'impatience où il était de faire part de son bonheur à ses compatriotes lui fit hâter ses pas, et en peu de temps il arriva dans sa terre de Moreuil, chargé de cette riche dépouille.

Il ne fut pas plutôt entré dans son château, qu'il appela ses voisins, ses proches et ses amis, disant : « Réjouissez-vous avec moi, non pas pour une drachme qui avait été perdue, mais pour la possession d'une perle inestimable. » Il plaça cette précieuse relique dans son oratoire pour l'avoir plus facilement présente à ses yeux, et la garda de cette manière depuis 1206 jusqu'à 1209, lui rendant tout le respect et la vénération possible, soupirant sans cesse à la vue de cet objet, et ne désirant rien plus, dans son tendre amour, que de passer le reste de sa vie à pleurer devant cette divine Larme.

Mais que les desseins de Dieu sont bien différents de ceux des hommes! Ce bon seigneur se proposait de borner la vénération de la sainte Larme à ses hommages et à ceux de sa famille, tandis que le Saint-Esprit disposait son cœur à la mettre entre les mains d'une communauté religieuse, pour y être adorée de toutes les contrées de la terre.

On peut dire en effet que la Providence divine, toujours admirable en ses desseins, n'avait pas tiré de la plus grande ville du monde ce flambeau céleste pour le cacher sous le boisseau d'un simple château seigneurial, mais pour le poser sur un des plus illustres chandeliers de l'Église; le Ciel, en ôtant cette douce rosée à un pays que l'infidélité devait rendre stérile, a voulu féconder l'univers catholique.

III

LE SEIGNEUR DE MOREUIL DONNE LA SAINTE LARME AUX ABBÉ ET RELIGIEUX DE SAINT-PIERRE-LEZ-SELINCOURT.

Bernard, poussé par une inspiration divine de mettre la sainte Larme entre les mains de quelques dévots religieux, se mit en prières dans son oratoire; et là, les larmes aux yeux, il demanda humblement à Jésus-Christ la grâce de connaître le lieu où sa souveraine bonté voulait qu'il déposât ce riche trésor. Chose admirable! il n'eut pas sitôt fini son oraison que Dieu, qui est toujours prêt à nous écouter, lui déclara intérieurement que l'abbaye de Saint-Pierre-lez-Selincourt est l'endroit choisi par sa divine providence, où, jusqu'à la fin des siècles, sa Larme précieuse sera l'objet des adorations de tous les peuples.

Que notre Bernard fut content d'entendre ainsi son souverain parler à son cœur! Quelle consolation pour lui de ressentir en son âme ces flammes célestes, dans un temps semblable à celui où les apôtres en furent visiblement remplis! Et comme il était persuadé que les grâces du Saint-Esprit ne demandent aucun retardement, il se dispose aussitôt à exécuter ces ordres secrets avec d'autant plus de joie, qu'il savait que les religieux de Saint-Pierre étaient des modèles de vertu, faisant le jour et la nuit le divin office, avec une modestie angélique, dans le plus magnifique temple de la province de Picardie [1].

Ce fut donc l'an 1209, aux fêtes de la Pentecôte, que ce bon seigneur de Moreuil partit de sa terre, chargé de la sainte Larme, pour la déposer en cette célèbre abbaye. Au moment où ce seigneur arriva sur les confins du territoire, les cloches de l'église sonnèrent toutes, sans autre aide que celle des anges, pour donner lieu par cet événement miraculeux à une réception plus glorieuse de cet inestimable trésor.

En effet, le seigneur de Moreuil, croyant qu'à son insu les religieux avaient été avertis de sa marche, s'arrêta avec toute sa compagnie pour les attendre. D'un autre côté, l'abbé Vuillard, homme d'une vertu distinguée, s'entretenait avec ses religieux de discours spirituels, et leur faisait comprendre les consolations intérieures que reçoit une âme qui se laisse remplir des dons célestes du Saint-Esprit; et voilà que tout à coup les cloches sonnèrent. On courut voir ce que c'était, et n'ayant vu personne qui y mît la main, l'abbé estima que Dieu leur promettait par là quelque avantage extraordinaire.

Dans cette pensée, il fit préparer la procession; et, s'étant revêtu de ses habits pontificaux, la mitre en tête et le bâton pastoral à la main, accompagné de tous ses religieux, il sortit du monastère, s'avançant du côté que Dieu lui inspirait.

A peine eurent-ils cheminé un petit quart de lieue qu'ils rencontrèrent le seigneur de Moreuil qui tenait entre ses mains la Larme sainte du Sauveur du monde; et ce seigneur, ayant en peu de mots déclaré ses intentions à l'abbé, lui donna cette Larme vénérable, pour la placer dans son abbaye, comme en un lieu choisi de Dieu pour cet effet.

[1] La cathédrale d'Amiens n'ayant été commencée qu'en 1220 et achevée en 1280.

L'abbé, ayant reçu ce don précieux des mains de ce dévot seigneur, se prosterna à genoux, adora avec une humilité profonde cette relique divine, la baisa et l'appliqua sur ses yeux qui, à l'approche de cette Larme sacrée, versèrent un ruisseau de larmes. Il la donna pareillement à baiser aux religieux et aux assistants, qui tous fondirent en pleurs à la vue d'une faveur si singulière.

Ensuite, le pieux abbé et les religieux, suivis du seigneur de Moreuil et de sa compagnie, retournèrent au monastère, chantant des hymnes et des cantiques, pour louer et bénir le Seigneur Dieu tout-puissant, toujours saint en ses œuvres et admirable en ses décrets.

IV

LA SAINTE LARME CONSERVÉE DANS L'ÉGLISE DE S.-PIERRE AU MILIEU DES RUINES DE L'ABBAYE.

La sainte Larme étant placée dans l'abbaye de Saint-Pierre, comme dans un lieu destiné du Ciel pour y recevoir les hommages des fidèles, chacun court pour y obtenir des faveurs. Un nombre infini de malades, languissants ou infirmes, se trouvent miraculeusement guéris; il s'y forme un pèlerinage célèbre, et notamment aux fêtes de la Pentecôte. On y érige en l'honneur de cette Larme divine une *vénérable* et *salutaire* confrérie, pour me servir des termes de Guillaume, évêque et comte de Noyon; et le pape Clément VI, d'heureuse mémoire, l'enrichit abondamment des trésors de l'Église, par les indulgences qu'il accorde l'an 1347.

Cette célèbre abbaye de Saint-Pierre a demeuré dans sa splendeur depuis sa fondation, faite par très-haut et puissant seigneur Gautier du Tirel, troisième de ce nom, prince de Poix, et dame Fidèle de Selincourt, son épouse, à la prière du bienheureux Milon de Selincourt, abbé de Saint-Josse-au-Bois ou Dommartin, l'an 1130, jusqu'environ l'an 1446.

A cette époque, de douloureuse mémoire pour la France, les religieux ne furent pas seulement outragés par les gens de guerre qui ravageaient tout le pays, mais même l'église et les autres édifices de cette abbaye furent consumés par le feu, en telle sorte qu'il ne resta que les murailles et une partie de la voûte, particulièrement au chœur. C'est ce qui contraignit alors l'abbé et les religieux d'abandonner leur monastère avec d'autant plus de douleur, qu'ils voyaient, par leur fuite, ce saint lieu exposé à toutes sortes de profanations.

Ce qui donna plus d'embarras d'esprit à ces bons religieux, fut de trouver un moyen sûr de conserver la sainte Larme; mais Dieu, qui se montre toujours favorable à ceux qui l'invoquent dans la sincérité de leur cœur, leur inspira de mettre cette sainte relique dans une pierre de la voûte du chœur, où, après plus de vingt ans que l'abbaye a été déserte, elle fut retrouvée dans le même état qu'elle y avait été mise.

V

LA SAINTE LARME PORTÉE DANS LES VILLES, BOURGS ET VILLAGES POUR EXCITER LES FIDÈLES A FAIRE AUMONE AUX RELIGIEUX.

Les guerres étant finies, l'abbé et les religieux retournèrent dans leur maison, et, avec l'aide de personnes charitables, ils firent réparer le cloître, le chœur de l'église et le clocher. Ils n'avaient pas moins d'empressement à rétablir la nef de l'église et les autres bâtiments démolis; mais ne pouvant pas subvenir à une dépense si considérable, sans être secourus des aumônes des fidèles, l'abbé Guillaume Matifas s'avisa, pour y parvenir, d'en demander la permission au révérend père en Dieu Mgr Hubert, abbé et général de Prémontré, et au chapitre général séant à Saint-Martin de Laon. Elle lui fut accordée le 10 de mai 1490.

En conséquence de cette permission, par un acte du 5 octobre de la même année, il nomma et constitua ses procureurs, quêteurs et agents, les RR. PP. de Soulezmontier, prieur, curé de la paroisse de Brocourt, et Pierre Raiel, prêtre religieux conventuel de ladite abbaye, très-bon prédicateur. Il leur confia les plus notables reliques de son église, savoir :

La sainte Larme ;

Le bras de saint Pierre ;

Le pied de saint André ;

Et la ceinture de sainte Marguerite ;

Pour exciter les fidèles à contribuer de leurs biens au rétablissement de ce saint lieu, par l'exposition de ces précieuses reliques et des indulgences accordées par le pape Clément VI.

Désirant favoriser ces bons pères dans leur pieuse entreprise, messire Jean de Cambrin, doyen et chanoine de la cathédrale, vicaire général de l'illustrissime et révérendissime Pierre, évêque d'Amiens, leur donna la permission de faire la quête dans tout le diocèse ; il ordonna de plus aux abbés, abbesses, prieurs, prieures, doyens, prévôts, curés et chapelains, de recevoir les religieux nommés à cet effet, leur enjoignit de laisser exposer, dans leurs églises, les reliques de ladite abbaye, savoir : la sainte Larme de Notre-Seigneur Jésus-Christ.

Cette permission est en parchemin, datée du 21 octobre 1490.

L'illustrissime et révérendissime Mgr Guillaume, évêque et comte de Noyon, pair de France, voulant donner des marques de sa bonté aux abbés et religieux de Saint-Pierre-lez-Selincourt, leur accorda aussi la permission d'aller, par tout son diocèse, exposer la Larme sainte de Notre-Seigneur Jésus-Christ et les autres reliques, avec ordre à tous les abbés, abbesses, prieurs, doyens, chapitres, curés et chapelains de les recevoir favorablement, et les faire recevoir par ceux qui leur sont soumis, leur permettant de publier les indulgences et grâces à eux accordées, comme aussi la vénérable et salutaire confrérie en l'honneur et vénération de la très-sainte Larme de Notre-Seigneur Jésus-Christ, établie dans l'abbaye de Saint-Pierre.

Cette permission est en parchemin ; datée du 25 novembre 1498.

VI

RENOUVELLEMENT DE L'ANCIENNE CONFRÉRIE ÉTABLIE DANS L'ABBAYE DE LA SAINTE-LARME, AVEC INDULGENCE PLÉNIÈRE.

Notre saint-père le pape Alexandre VII, d'heureuse mémoire, ayant été informé des grands biens produits par la pieuse et charitable confrérie de Sainte-Larme, établie dans l'abbaye de Saint-Pierre-lez-Selincourt, sous l'invocation de Jésus-Christ ressuscitant Lazare de Béthanie, dont les confrères et consœurs ont accoutumé d'exercer plusieurs actes de piété et de charité, a bien voulu, afin que cette confrérie s'accroisse de jour en jour en dévotion, accorder à tous les confrères et consœurs qui, confessés et communiés, visiteront le sanctuaire de la sainte Larme la seconde fête de la Pentecôte, une indulgence plénière de leurs péchés, comme aussi les jours de fêtes du saint Sacrement, de saint Pierre et saint Paul, de saint Joseph et de l'Assomption de la sainte Vierge.

Cette bulle est datée du 12 novembre 1660, l'an VIe de son pontificat. Elle commence par ces mots : *Cum, sicut accepimus.*

Au bas de cette bulle est l'approbation de l'Ordinaire, en ces termes :

Carolus Houlon, etc., visis præsentibus indulgentiarum litteris..., illas approbavimus et approbamus, mandantes omnibus... Datum Ambiani anno Domini 1661, die 23 mensis maii. Signatum. Guille.

La bulle susdite a été publiée dans tout le diocèse d'Amiens, et plus particulièrement dans les paroisses des environs de l'abbaye. Les peuples y vinrent en foule aux fêtes de la Pentecôte et y viennent encore aujourd'hui, pour participer aux trésors de l'Église miséricordieusement répandus en leur faveur, et dont ils sont redevables à la Larme précieuse de Notre-Seigneur Jésus-Christ. Aussi reçoivent-ils toujours, outre les grâces intérieures, des marques sensibles de la bonté de Dieu par les guérisons miraculeuses qui ne cessent de s'y opérer, à la grande consolation des fidèles.

MIRACLES DE LA SAINTE LARME

DE NOTRE-SEIGNEUR JÉSUS-CHRIST.

MIRACLES ARRIVÉS A DIVERSES PERSONNES QUI ONT HONORÉ ET VISITÉ LA SAINTE LARME.

Il n'y a personne qui, voyant le mouvement continuel de la sainte Larme, sans aucune altération ni diminution, ne s'étant jamais séchée par les chaleurs de l'été, ni gelée par les rigueurs de l'hiver, n'avoue que cette divine Larme est un miracle perpétuel, et ainsi il ne serait pas nécessaire de rapporter ici les autres miracles qui ne sont en quelque façon que les effets de celui-là. Néanmoins, pour satisfaire quelques âmes pieuses qui m'en ont prié, j'ai tiré de l'abbaye quelques extraits des plus modernes, étant presque impossible de les réduire tous par écrit, pour leur grand nombre (1).

L'an 1618, M. Louis Manier, prêtre, curé de la paroisse de Verton, du diocèse d'Amiens, ayant perdu la vue par maladie, et fait vœu de visiter la sainte Larme, l'a recouvrée entièrement, ce que ledit sieur Manier a témoigné et signé le 22 juillet de ladite année.

Marguerite de la Haye, femme Josse d'Aulnay, du village de Bezancourt, de ce diocèse, a recouvré la vue qu'elle avait perdue depuis six mois, et ce, au moment même qu'elle a promis de faire le pèlerinage de la sainte Larme. Ce qu'elle a signé le 23 juillet 1620.

Louis de Graincourt, diocèse de Rouen, âgé de soixante-douze ans, avait perdu la vue pour la seconde fois, en telle sorte qu'il ne pouvait faire un pas sans être conduit. Il a été guéri le lendemain de son vœu à la sainte Larme. Ce qu'il a témoigné le 12 août 1620.

Damoiselle Jeanne Verdusan, femme d'Antoine Jacomel, écuyer, seigneur de Froyel, en ce diocèse, étant, par maladie, devenue aveugle, eut aussitôt recours au Médecin des médecins, avec promesse d'aller rendre ses adorations à la sainte

---

(1) En reproduisant sous le nom de miracles les guérisons rapportées dans ce chapitre, nous déclarons nous soumettre d'esprit et de cœur aux Décrets du saint-siége sur cette matière.

Larme ; ce qu'ayant fait, elle reçut soulagement, et vit aussi bien qu'auparavant. Ce qu'elle a signé en présence des demoiselles Marie et Anne Jacomelle, ses filles, et de Marie Hénoult, sa fille de chambre, le 3 juillet 1632 ; et en action de grâces, elle a offert à ladite église deux yeux d'argent.

Jacqueline le Cat, veuve de Nicolas Caron, demeurant à Étaples, diocèse de Boulogne, a ressenti les faveurs de la sainte Larme, six mois après avoir perdu la vue. Ce qu'elle a signé le 8 octobre 1639.

Jeanne Clément, fille de Noël Clément, pâtissier, demeurant à Amiens, âgée d'environ sept ans, étant tombée par accident dans le feu, sa vue a été jugée perdue par les chirurgiens qui la pansaient. Noël Clément, son père, a promis de faire le pèlerinage à la sainte Larme, et aussitôt elle a reçu guérison. Ce que ledit Clément a signé et Catherine Bigaudet, sa femme, présents témoins, le 22 mai 1645.

René de Caulières, fils aîné de messire Charles de Caulières, chevalier, seigneur de Beaufrêne, diocèse de Rouen, et de dame Marie de Rumfort, s'est blessé à l'œil gauche d'une alêne ou ferrement pointu, dont il a perdu la vue, nonobstant les remèdes que lui ont fait appliquer les médecins de Beauvais, Grand-Villiers et Neufchâtel. M. son père fit vœu d'aller visiter la sainte Larme, du conseil et avis de M. Sourdet, curé dudit lieu de Beaufrêne ; et dix à douze jours après, ce jeune enfant fut entièrement guéri, sans qu'il restât aucune apparence de blessure d'œil. Ce que ledit seigneur a signé en présence dudit sieur curé, de R.-P. Ange Decaules, sous-prieur de l'abbaye, et de Pierre-Michel Le Cointe, trésorier-sacristain, et autres témoins.

Pareille guérison arrivée à Anne Bourdet, dudit lieu de Beaufrêne, qui avait l'œil droit percé d'une épine, ce que ledit sieur curé de Beaufrêne et Jacques Bourdet ont déclaré et signé, le même jour et an que dessus.

Le 5 juin 1646, honorable homme, nommé Pierre Gellé, prieur de Hulles, bourgeois et ancien mayeur de Doullens, et damoiselle Marie Courtois, son épouse, voyant que Léonore

Gellé, leur fille, âgée d'environ six ans, était affligée depuis trois ans d'une fluxion lacrymale à l'œil droit, eurent recours aux remèdes ordinaires, et après en avoir éprouvé plusieurs, jusque-là que les médecins la jugèrent incurable, ils firent vœu à Dieu de visiter la sainte Larme, où s'étant transportés le 1er jour de septembre dudit an, et après avoir fait leurs dévotions devant la Larme sainte de notre Sauveur, au même instant, la fluxion fut trouvée arrêtée, dont ils ont rendu grâce à Dieu. Ce qu'ils ont reconnu par un acte signé de leur main, par-devant les notaires royaux résidant à Doullens, le 12 septembre 1646.

Pacquette de Rogé, femme de Charles Thorel, receveur de Leuilly, avait une grosseur au coin de l'œil droit, distillante continuellement, dont elle n'a pu être guérie par les remèdes ordinaires, même des plus habiles opérateurs, et particulièrement d'un opérateur italien très-expert; elle s'est trouvée avec beaucoup de dévotion à la sainte Larme; elle l'a visitée avec foi et espérance. Elle a reçu une parfaite guérison le 15 juin 1646. Ce qu'elle a signé par-devant Jacques Douchet, lieutenant de Leuilly, Jean Herman, François Flamant et Thorel, son mari, le 20 mars 1653.

Madeleine Longuet, fille de Pierre Longuet et de Marie Hermant, demeurant à Villers-sous-Ailly, ayant l'œil percé d'un coup de couteau, sa mère fit le pèlerinage à la sainte Larme, et emporta avec elle de l'eau bénite dans laquelle on plonge le cristal qui renferme cette précieuse relique, et ladite Madeleine s'en étant appliqué dessus les yeux, le second jour, cette bonne fille s'écria à sa mère qu'elle voyait parfaitement et qu'elle était guérie. Et ont signé le 3 juin 1655.

Françoise Hébert, femme de François Prévost, de la ville d'Eu, arriva à l'abbaye sur le soir avec Michel Prévost, son fils, âgé d'environ douze ans; laquelle a assuré que depuis un an son fils avait une fluxion sur les yeux, et que même depuis quinze jours, il avait tout à fait perdu la vue; pourquoi elle avait promis de faire le pèlerinage de la sainte Larme, et qu'étant partie conduisant son fils par le bras et arrivée à deux lieues de l'abbaye, à la vue du clocher, elle avait commandé à son fils de se mettre à genoux et de réciter l'*Oraison dominicale* pendant qu'elle invoquerait le secours de la sainte Larme, et au même instant ledit Michel Prévost se trouva guéri, et fit le reste du chemin sans être conduit de qui que ce soit. Ce qu'ils ont affirmé véritable, présents témoins, le 10 mai 1669.

Marie-Madeleine de Launoy, fille de Guillain de Launoy, du village de Ligny-sur-Canche, a recouvré la vue qu'elle avait perdue d'une fluxion qui lui était tombée sur les yeux. Attesté le 24 mars 1673.

Le 3 mars 1675, Françoise Tilleu et Michel Rhédon, de la ville d'Amiens, ayant tous deux les yeux notablement tachés, ont fait vœu à la sainte Larme, et s'y étant transportés la dernière fois le jour de la Pentecôte de l'année 1680, ils furent tous deux guéris. Pourquoi, en action de grâces, ils ont fait présent à l'abbaye d'un tableau où ils sont représentés.

Le 3 juillet 1680, M. Nicolas-Pierre Lebel, sieur de Chantereine, a déclaré que Nicolas, son fils, avait eu, durant deux ans, l'œil gauche tout perdu, et qu'il avait employé à ce sujet tous les remèdes naturels, et pris les avis des médecins d'Abbeville, sans pouvoir réussir. Ce qui l'a obligé de vouer le pèlerinage de sainte Larme. Le vœu fait, l'enfant s'est trouvé guéri en peu de jours. Ce qu'il a déclaré en présence du sieur Antoine Boutillier, marchand de Calais, qui l'a vu dans son mal.

Etienne Fonteine, fils de Louis Fonteine, charron, demeurant à Corbie, rue des Prés, paroisse Saint-Thomas, ayant, dans une maladie de plusieurs mois, perdu la vue, nonobstant tous les remèdes dont il s'est servi, elle lui a été miraculeusement rendue, au moment du vœu que ledit Fonteine père et lui ont fait de visiter la Larme sainte de Notre-Seigneur Jésus-Christ. Ce qu'ils ont sincèrement déclaré, le 24 août de l'année 1720, à R. P. François l'Évêque, prieur, à R. P. Simon Hardy, sous-prieur, et à P. Louis Cordonnier, circateur de l'abbaye, en présence de plusieurs témoins et notamment du sieur Nicolas Prouzel, fermier de M. l'abbé de Croy, et de Jean Labite, meunier de ladite abbaye, par un acte authentique signé desdits Fonteine père et fils, desdits sieurs religieux et des témoins, ledit jour 24 août 1720.

Je mets fin à tous ces miracles pour ne pas fatiguer le lecteur; et je laisse à juger d'une infinité d'autres, par tous les différents présents en or et en argent, qui accompagnent le reliquaire de la sainte Larme, qui sont autant de marques et de preuves sensibles de toutes les guérisons miraculeuses qu'ont reçues les pèlerins qui, avec confiance, ont visité et *adoré* cette Larme précieuse de Notre-Seigneur Jésus-Christ, à qui soit gloire et honneur dans tous les siècles des siècles.

Ainsi soit-il.

Certifié conforme au texte de l'exemplaire de 1736, conservé dans la bibliothèque du président de la Société des antiquaires de Picardie.

L'abbé CORBLET.

LETTRE DE M. DE TASCHER, DERNIER ABBÉ DE SAINTE-LARME-LEZ-SELINCOURT, DIOCÈSE D'AMIENS,

A Messieurs du Directoire du département de la Somme.

MESSIEURS,

La sainte Larme est, depuis plusieurs siècles, l'objet de la vénération constante des habitans de l'ancienne Picardie. Sa célébrité fut telle, dès les premiers tems, qu'elle changea le nom du temple où elle fut déposée et du monastère à la garde duquel elle fut confiée. Elle n'en fut déplacée qu'une fois, pour être transportée processionnellement dans l'église cathédrale d'Amiens.

La piété du cardinal de Créquy, alors évêque d'Amiens et abbé de Saint-Pierre-lez-Selincourt, avoit déterminé ce déplacement; mais bientôt les fidèles, accoutumés à lui rendre leurs hommages, dans le lieu où Bernard de Moreuil l'avoit déposée, à son retour des croisades, se plaignirent et obtinrent qu'elle fust rapportée, avec le même appareil, dans l'église où elle repose encore.

Aujourd'huy le monastère est supprimé; mais l'église, par sa situation et sa grandeur, paroist devoir être conservée, pour devenir l'église paroissiale des villages qui l'environnent. Dans cette présomption qu'il vous appartient, Messieurs, de confirmer, j'ai cru devoir me permettre de représenter à

M. Jumel, commissaire délégué par le Directoire du District, pour le récollement à faire en la cy-devant abbaye, qu'il paroissoit naturel et juste de conserver, dans cette église, le monument antique et vénéré dont elle porte le nom; et je lui ai offert de m'en constituer le gardien : il m'a répondu que l'église est trop isolée pour qu'il puisse y laisser le trésor, et qu'étant obligé de le transporter à Amiens, il ne peut se permettre d'en distraire aucune partie, de son autorité. Je viens donc vous suplier, Messieurs, d'authoriser M. Jumel à laisser la sainte Larme, pour en éviter le déplacement, soit en ma propre garde, soit en celle du sieur curé de Selincourt, ou de tout autre ecclésiastique qu'il vous plaira désigner ou que M. le Commissaire voudra choisir.

J'ai l'honneur de vous observer que je ne demande ni le reliquaire, ni ses ornemens, qui sont d'une certaine valeur; mais seulement le cristal qui contient la sainte Larme, lequel n'a aucune valeur métallique et est absolument indépendant de l'ostensoir auquel il s'adapte.

Je me charge, Messieurs, de lui procurer les ornemens qui lui conviennent, soit en rachetant, s'il est possible, l'ostensoir auquel il est maintenant suspendu, soit en le remplaçant par un autre. Je m'oblige même, si vous l'approuvez, Messieurs, dans le cas où l'église ne seroit pas conservée, à construire à l'entrée de l'habitation dont vous avez bien voulu m'accorder l'usage, un oratoire où ce monument de la foy de nos pères pourra continuer d'estre exposé à la vénération des fidèles que la dévotion amène en grand concours à Sainte-Larme, à différentes festes de l'année.

Présenté le 8 février 1791.   TASCHER,
Cy-devant abbé de Sainte-Larme.

Vu, etc. Le Directoire du département autorise M. Jumel, commissaire du Directoire du District, à laisser la relique de Sainte-Larme dans l'endroit où elle est déposée, sous la garde de M. Tascher, qui s'oblige de la représenter quand il en sera requis.

Fait en l'assemblée du Directoire du département de la Somme, à Amiens, le 10 février 1791.

    TRANCART, DUHAMEL.   BERVILLE,
Secrétaire général.

Aussi fidèle chrétien que fidèle commissaire, M. Jumel veilla religieusement à la conservation de la relique mise sous la garde de M. de Tascher, dont la pieuse sœur, la marquise de

Chabert, la remit au R. P. Lemoine, prieur de l'abbaye de Sainte-Larme.

Ce bon religieux, condamné des médecins, étant venu se faire traiter à Abbeville, disposa de son inestimable trésor, à titre de reconnaissance, en faveur de la sœur S.-François-de-Paule, religieuse minimesse dont la révolution a détruit le couvent.

M. Nicolle d'Abbeville, doyen de Cressy en Ponthieu, déclare en date du 6 novembre 1857, avoir été *certainement* vénérer *une fois* la relique de Sainte-Larme, dans l'église des minimesses de sa ville natale, avant la clôture de leur pauvre communauté. (Voyez *Pièces justificatives*, n° 3.)

Ce vénérable confesseur de la foi, aujourd'hui presque nonagénaire, atteste avoir parfaitement reconnu, à son retour de l'émigration, le cristal de roche qu'il avait vu, lors de son départ pour l'étranger, renfermant l'eau précieuse et le sang divin, recueillis des plaies du Sauveur, par les saints personnages qui, suivant la coutume des Juifs, lavèrent le corps de Jésus avant de l'ensevelir.

Le cristal transparent qui les contient, creusé en forme de larme, dont *tout le contenu a toujours porté le nom*, est extérieurement fissulé et entouré d'un cercle d'argent, dans l'intérieur duquel on lit l'inscription séculaire : Saincte Larme. Un anneau de même métal que le cercle, soudé dans la partie supérieure du médaillon, conserve encore actuellement l'extrémité inférieure d'un ancien cordon de fil d'argent, qui suspendait dans un ostensoir, auquel il s'adaptait, le cristal de forme ovale, entre deux autres cristaux quadrangulaires.

Afin de perpétuer dans l'Église une dévotion née avec Elle, en offrant à la piété des fidèles le plus antique monument de la foi de nos pères, à côté de cet ancien cordon est attaché dans le même anneau un nouveau cordon de soie blanche, portant, sur de la cire rouge, les grand et petit sceaux de l'autorité épiscopale, apposés, tous deux, après le plus consciencieux examen des pièces justicatives, par Monsieur l'abbé Duval, chanoine titulaire de la cathédrale d'Amiens, vicaire général du diocèse et théologien du concile provincial de Reims.

Qui seminant in lacrymis, in exultatione metent. (Ps. cxxv. 5.)

Imprimatur.

Cenomani, die 30 nov. 1857. Carolus FILLION, vic. gén.

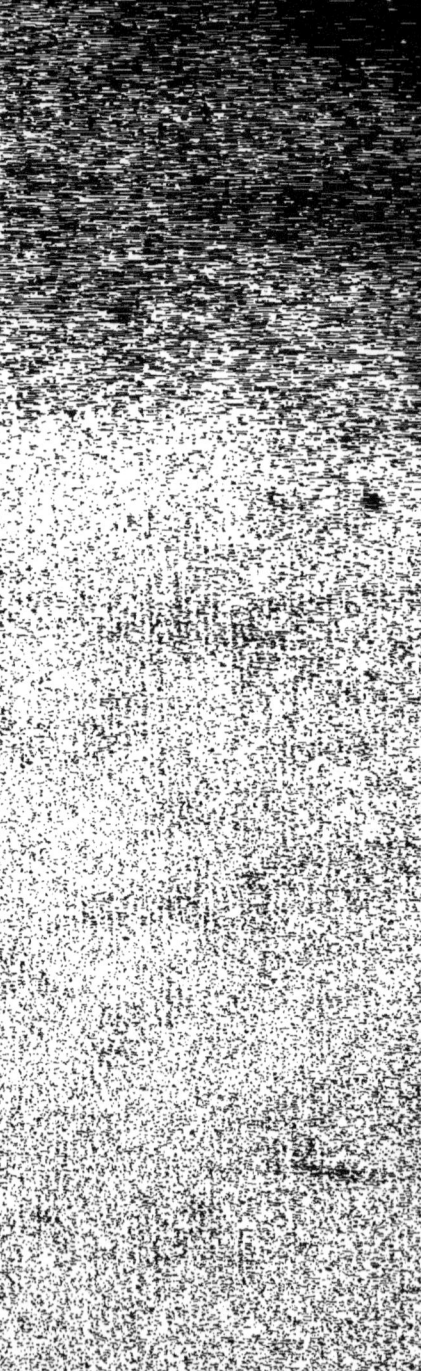

www.ingramcontent.com/pod-product-compliance
Lightning Source LLC
Chambersburg PA
CBHW070537050426
42451CB00013B/3047